Beatrix Potte

Beatrix Potter
99 Cliparts Buch Teil 2

13_Cliparts_Patty_pan.png

von
Elizabeth M. Potter

Inhalt   Seite

Bibliografische Information der Deutschen Nationalbibliothek:
Die Deutsche Nationalbibliothek verzeichnet diese Publikation in der Deutschen Nationalbibliografie; detaillierte bibliografische
Daten sind im Internet über http://dnb.dnb.de abrufbar.

© 2018 Elizabeth M. Potter 1. Auflage
elizabeth.potter@t-online.de
www.elizabethpotter.de
Facebook
Instagram

Covergrafik, Texte, Bilder, Cliparts: © 2018 Elizabeth M. Potter
Herstellung und Verlag: BoD – Books on Demand, Norderstedt

ISBN: 9783752842883

Die Geschichte von Tom Kätzchen

1_Cliparts_Tom_Kitten.png

2_Cliparts_Tom_Kitten.png

3_Cliparts_Tom_Kitten.png

4_Cliparts_Tom_Kitten.png

5_Cliparts_Tom_Kitten.png

6_Cliparts_Tom_Kitten.png

7_Cliparts_Tom_Kitten.png

8_Cliparts_Tom_Kitten.png

9_Cliparts_Tom_Kitten.png

10_Cliparts_Tom_Kitten.png

11_Cliparts_Tom_Kitten.png

12_Cliparts_Tom_Kitten.png

13_Cliparts_Tom_Kitten.png

14_Cliparts_Tom_Kitten.png

15_Cliparts_Tom_Kitten.png

16_Cliparts_Tom_Kitten.png

Die Geschichte von Samuel Whiskers

1_Cliparts_Whiskers.png

2_Cliparts_Whiskers.png

3_Cliparts_Whiskers.png

4_Cliparts_Whiskers.png

5_Cliparts_Whiskers.png

6_Cliparts_Whiskers.png

7_Cliparts_Whiskers.png

8_Cliparts_Whiskers.png

9_Cliparts_Whiskers.png

10_Cliparts_Whiskers.png

11_Cliparts_Whiskers.png

12_Cliparts_Whiskers.png

13_Cliparts_Whiskers.png

14_Cliparts_Whiskers.png

15_Cliparts_Whiskers.png

16_Cliparts_Whiskers.png

17_Cliparts_Whiskers.png

18_Cliparts_Whiskers.png

19_Cliparts_Whiskers.png

20_Cliparts_Whiskers.png

21_Cliparts_Whiskers.png

Die Geschichte vom Schneider von Gloucester

1_Cliparts_Gloucester.png

2_Cliparts_Gloucester.png

3_Cliparts_Gloucester.png

4_Cliparts_Gloucester.png

5_Cliparts_Gloucester.png

6_Cliparts_Gloucester.png

7_Cliparts_Gloucester.png

8_Cliparts_Gloucester.png

9_Cliparts_Gloucester.png

10_Cliparts_Gloucester.png

11_Cliparts_Gloucester.png

Die Geschichte von Ribby, Duchess und den Pasteten

1_Cliparts_Patty_pan.png

2_Cliparts_Patty_pan.png

3_Cliparts_Patty_pan.png

4_Cliparts_Patty_pan.png

5_Cliparts_Patty_pan.png

6_Cliparts_Patty_pan.png

7_Cliparts_Patty_pan.png

8_Cliparts_Patty_pan.png

9_Cliparts_Patty_pan.png

10_Cliparts_Patty_pan.png

11_Cliparts_Patty_pan.png

12_Cliparts_Patty_pan.png

13_Cliparts_Patty_pan.png

14_Cliparts_Patty_pan.png

15_Cliparts_Patty_pan.png

16_Cliparts_Patty_pan.png

12

17_Cliparts_Patty_pan.png

18_Cliparts_Patty_pan.png

19_Cliparts_Patty_pan.png

20_Cliparts_Patty_pan.png

Die Geschichte von der verschlagenen alten Katze

1_Cliparts_Sly_Cat.png

2_Cliparts_Sly_Cat.png

3_Cliparts_Sly_Cat.png

4_Cliparts_Sly_Cat.png

5_Cliparts_Sly_Cat.png

6_Cliparts_Sly_Cat.png

7_Cliparts_Sly_Cat.png

8_Cliparts_Sly_Cat.png

9_Cliparts_Sly_Cat.png

10_Cliparts_Sly_Cat.png

11_Cliparts_Sly_Cat.png

12_Cliparts_Sly_Cat.png

13_Cliparts_Sly_Cat.png

14_Cliparts_Sly_Cat.png

15_Cliparts_Sly_Cat.png

Die Geschichte von Frau Moppet

1_Cliparts_Moppet.png

2_Cliparts_Moppet.png

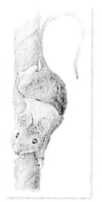

3_Cliparts_Moppet.png

4_Cliparts_Moppet.png

5_Cliparts_Moppet.png

6_Cliparts_Moppet.png

7_Cliparts_Moppet.png

8_Cliparts_Moppet.png

Die Geschichte von Herrn Todd
und dem Storch

1_Cliparts_Stork.png

2_Cliparts_Stork.png

3_Cliparts_Stork.png

4_Cliparts_Stork.png

5_Cliparts_Stork.png

Die Geschichte von den drei kleinen Mäusen

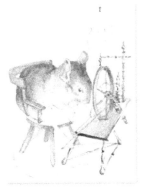

1_Cliparts_Three_little_mice.png

2_Cliparts_Three_little_mice.png

3_Cliparts_Three_little_mice.png

4_Cliparts_Three_little_mice.png

5_Cliparts_Three_little_mice.png

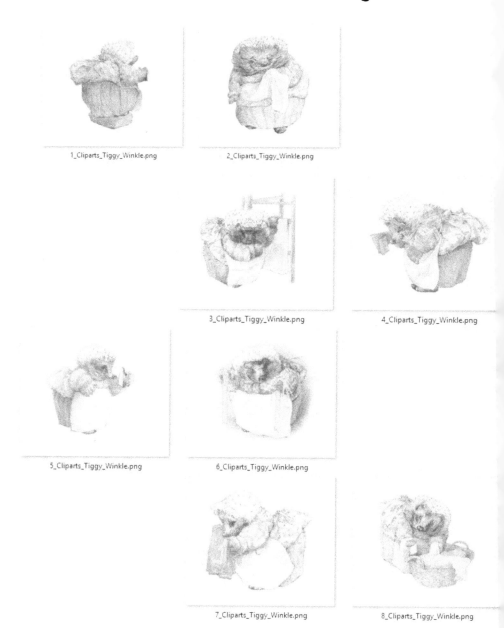

1_Cliparts_Tiggy_Winkle.png

2_Cliparts_Tiggy_Winkle.png

3_Cliparts_Tiggy_Winkle.png

4_Cliparts_Tiggy_Winkle.png

5_Cliparts_Tiggy_Winkle.png

6_Cliparts_Tiggy_Winkle.png

7_Cliparts_Tiggy_Winkle.png

8_Cliparts_Tiggy_Winkle.png

2. Teil des Links: **AAC0jDbbnpn-16kaeWoSNTjLa?dl=0**

9_Cliparts_Tiggy_Winkle.png

10_Cliparts_Tiggy_Winkle.png

11_Cliparts_Tiggy_Winkle.png

12_Cliparts_Tiggy_Winkle.png

21

13_Cliparts_Tiggy_Winkle.png

14_Cliparts_Tiggy_Winkle.png

15_Cliparts_Tiggy_Winkle.png

16_Cliparts_Tiggy_Winkle.png

Clipart Downloadinstruktionen

Bevor du die Instruktionen zum Download der Cliparts liest, bzw. die Cliparts herunterlädst/verwendest, lies bitte zuerst die folgenden Nutzungshinweise für die ordnungsgemäße Verwendung der Cliparts.

Nutzungshinweise für die Verwendung der Cliparts

Die Cliparts wurden von Elizabeth M. Potter erstellt. Bevor du die Cliparts herunterlädst und verwendest, beachte daher bitte das Folgende:

Du kannst die Cliparts für sämtliche deiner privaten Vorhaben oder Projekte wie Präsentationen, Einladungen oder Ähnliches verwenden, aber es ist nicht erlaubt, sie für kommerzielle Zwecke zu nutzen. Möchtest du sie für kommerzielle Zwecke nutzen, so benötigst du vorab eine Erlaubnis von Elizabeth M. Potter (elizabeth.potter@t-online.de).

In diesem Sinne sind Veröffentlichungen, Wiederveröffentlichungen oder Reproduktionen der Cliparts, insbesondere auch des Downloadlinks, durch irgendeinen Service, via Internet oder Grafikservice, ob als Buch, elektronisch oder über irgendwelche andere hier nicht aufgeführte Medien oder Möglichkeiten, ohne vorherige Erlaubnis von Elizabeth M. Potter strengstens untersagt.

Clipart Downloadinstruktionen

Die Cliparts befinden sich in einem Ordner von Dropbox. Der Zugang hierzu ist durch Eingabe des Downloadlinks in deinen Internetbrowser auf einfache Art möglich. Der Zugriff ist via PC, Smartphone oder Tablet möglich. Die Clipartdateien liegen im png-Format vor. Zur Sicherheit ist der Link in zwei Teile geteilt. Um den kompletten Link eingeben zu können müssen daher die beiden Teile nacheinander ohne Leerzeichen zwischen den beiden Teilen in die Adresszeile des Browsers eingegeben werden.

1. Teil des Links: **https://www.dropbox.com/sh/eptqcq70x4ojklc/**
2. Teil des Links: findest du auf Seite 20 dieses Buches

Weitere Bücher von Elizabeth M. Potter

GESCHICHTEN VON BEATRIX POTTER:	POSTKARTENBÜCHER:
Die Geschichte von Peter Hase	Peter Hase und seine Eichhörnchenfreunde Teil 1
Die Geschichte vom Eichhörnchen Nutkin	Peter Hase und seine Eichhörnchenfreunde Teil 2
Die Geschichte vom Schneider von Gloucester	Peter Hase und seine Hasenfreunde Teil 1
Die Geschichte von Benjamin Häschen	Peter Hase und seine Hasenfreunde Teil 2
Die Geschichte von den zwei ungezogenen Mäusen	Peter Hase und seine Hasenfreunde Teil 3
Die Geschichte von Frau Tiggy-Winkle	Peter Hase und seine Hundefreunde
Die Geschichte von Duchess, Ribby und den Pasteten	Peter Hase und seine Katzenfreunde Teil 1
Die Geschichte von Herrn Jeremy Fischer	Peter Hase und seine Katzenfreunde Teil 2
Die Geschichte vom bösen Hasen	Peter Hase und seine Mausfreunde Teil 1
Die Geschichte von Frau Moppet	Peter Hase und seine Mausfreunde Teil 2
Die Geschichte von Tom Kätzchen	Peter Hase und seine Mausfreunde Teil 3
Die Geschichte von Jemima Watschelente	Peter Hase und seine Schweinchenfreunde
Die Geschichte von Samuel Whiskers	Peter Hase und seine Waldfreunde
Die Geschichte von den Flopsy Häschen	Peter Hase Weihnachtspostkarten
Die Geschichte von Ginger und Pickles	Peter Hase Osterpostkarten - Postkartenbuch
Die Geschichte von Frau Kleinmaus	NOTIZBÜCHER:
Die Geschichte von Timmy Zehenspitzen	Das Peter Hase Notizbuch
Die Geschichte von Herrn Todd	Beatrix Potter wünscht "Frohe Ostern!" Notizbuch
Die Geschichte von Pigling Bland	Beatrix Potter wünscht "Fröhliche Weihnachten!" Notizbuch
Die Geschichte von Johnny Stadtmaus	Beatrix Potter wünscht "Alles Gute zum Geburtstag!" Notizbuch
Appley Dapplys Kinderreime	Beatrix Potter wünscht "Gute Besserung!" Notizbuch
Cecily Parsleys Kinderreime	Beatrix Potter wünscht "Ein gutes neues Jahr!" Notizbuch
Die Geschichte vom kleinen Schwein Robinson	Die Waldfreunde von Peter Hase Notizbuch
Die Geschichte von den drei kleinen Mäusen	Das Benjamin Häschen Notizbuch
Die Geschichte von der Hasen Weihnachtsfeier	Das Jeremy Fischer Notizbuch
Die Geschichte von Herrn Todd und dem Storch	Das Jemima Watschelente Notizbuch
Die Geschichte von der verschlagenen alten Katze	Das Herr Todd Notizbuch
Die Geschichte von der alten Wandpenduluhr	Das Frau Kleinmaus Notizbuch
Die Geschichte von der treuen Taube	Das Eichhörnchen Nutkin Notizbuch
Die Zauberkarawane (Erscheinung geplant für Sept/Okt 2018)	Das Frau Tiggy-Winkle Notizbuch
Schwester Anne (Erscheinung geplant für Sep/Okt 2018)	Das Tom Kätzchen Notizbuch
NEUE GESCHICHTEN MIT PETER HASE:	Das Timmy Tiptoes Notizbuch
Die Geschichte von Peter Hase und seiner Mama	AUSMALBÜCHER:
Die Geschichte von Peter Hase und seinem Papa	Peter Hase Ausmalbuch
Die Geschichte von Peter Hase und Sammy Eichhörnchen	Beatrix Potter Ausmalbuch Teil 1
Die Geschichte von Peter Hase und Jimmy Backenhörnchen	Beatrix Potter Ausmalbuch Teil 2
Die Geschichte von Peter Hase und die Feen	Beatrix Potter Ausmalbuch Teil 3
Die Geschichte von Peter Hase beim Zirkus	Beatrix Potter Ausmalbuch Teil 4
Die Geschichte von Peter Hase auf dem Bauernhof	Beatrix Potter Ausmalbuch Teil 5
Die Geschichte von Peter Hase und dem Weihnachtsmann	Beatrix Potter Ausmalbuch Teil 6
Die Geschichte von Peter Hase und der Teeparty	Beatrix Potter Ausmalbuch Teil 7
Die Geschichte von Peter Hase auf dem Meer	Beatrix Potter Ausmalbuch Teil 8
Die Geschichte von Peter Hase in der Schule	Beatrix Potter Ausmalbuch Teil 9
Der Peter Hase Geburtstagskalender	Beatrix Potter Ausmalbuch Teil 10
CLIPART BÜCHER:	SONSTIGES:
Beatrix Potter 99 Cliparts Buch Teil 1	Das Peter Hase Passwortbuch
Beatrix Potter 99 Cliparts Buch Teil 2	
Beatrix Potter 99 Cliparts Buch Teil 3	
Beatrix Potter 99 Cliparts Buch Teil 4	